Los exploradores de HUESOS

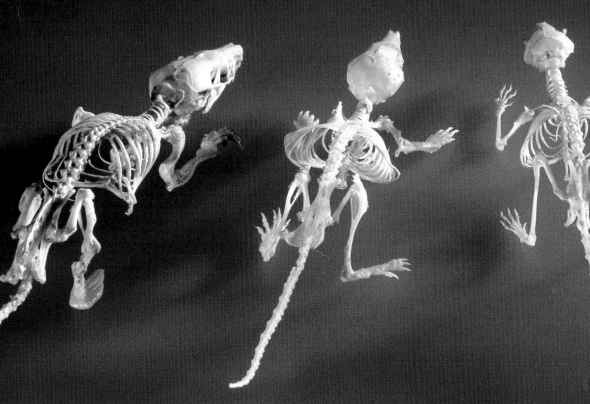

Supervisión, revisión y asesoramiento técnico y didáctico: Makiko Nishizawa

Fotografía: Naruaki Onishi

Autora: Motoko Matsuda

OCEANO Travesía

*Somos los huesoexploradores
y ¡estamos listos para comenzar!*

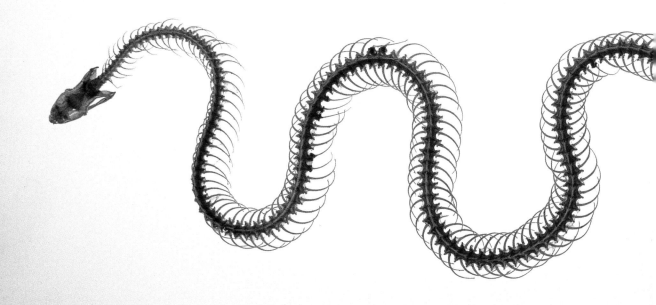

Soy una serpiente. Soy muy flexible y puedo contorsionarme de muchas maneras.

Aunque no lo creas tengo huesos en el extremo de la cola. ¿Sabes dónde termina mi tronco y empieza mi cola? Lo averiguarás si localizas mis costillas. Son unos huesos que tengo a ambos lados de la columna. Parecen bigotes, ¿no crees?

Con tu dedo sigue la línea de mi cuerpo, desde mi cuello. ¿Ya te diste cuenta? Las costillas desaparecen en un punto. Ahí comienza mi cola. Y desde ese punto también expulso orina y excrementos.

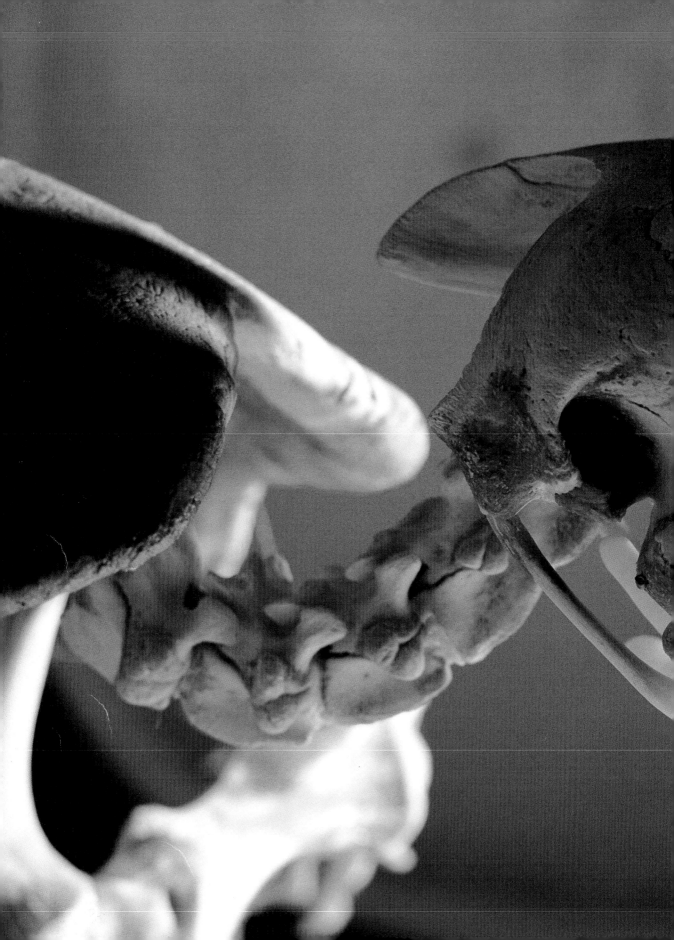

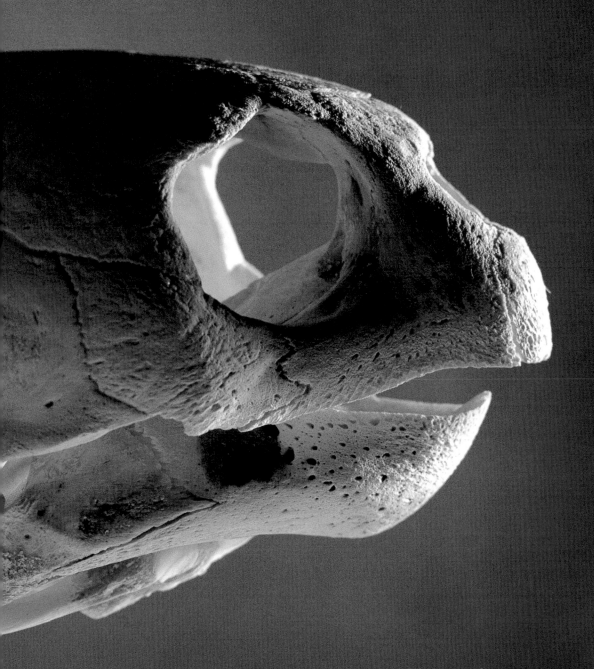

Nosotras tenemos una espalda muy dura.

¿Sabes quiénes somos?

Somos tortugas. Nuestro caparazón protege nuestro delicado cuerpo. Pero eso no es todo. Observa con atención. ¿Puedes ubicar mis costillas?

Tengo la columna encorvada. Además, mis patas traseras
son muy grandes. Adivina quién soy.

Soy un conejo. Mis patas traseras son largas y fuertes.

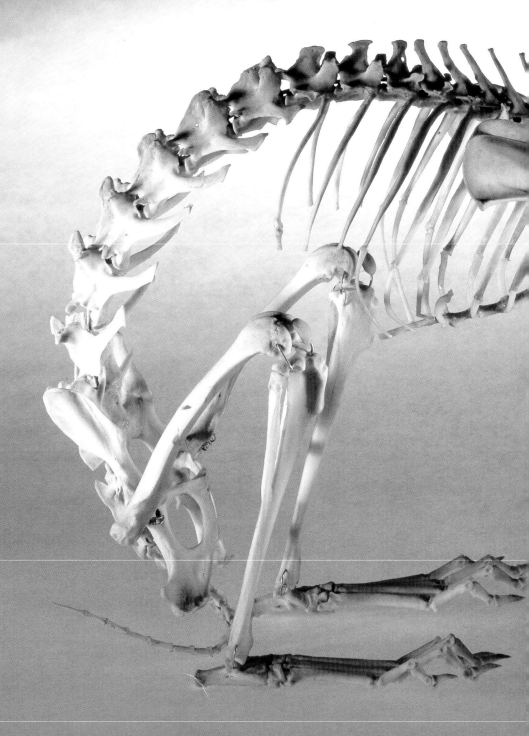

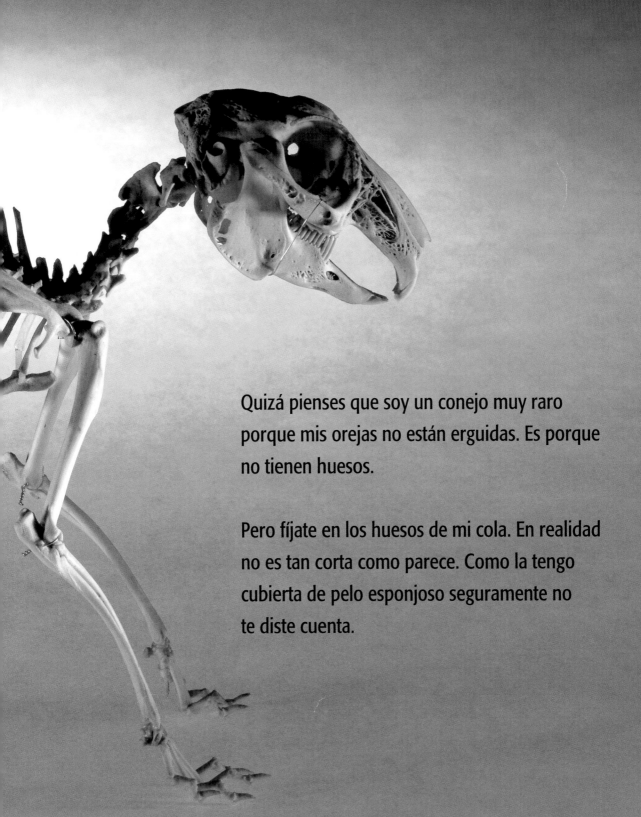

Quizá pienses que soy un conejo muy raro porque mis orejas no están erguidas. Es porque no tienen huesos.

Pero fíjate en los huesos de mi cola. En realidad no es tan corta como parece. Como la tengo cubierta de pelo esponjoso seguramente no te diste cuenta.

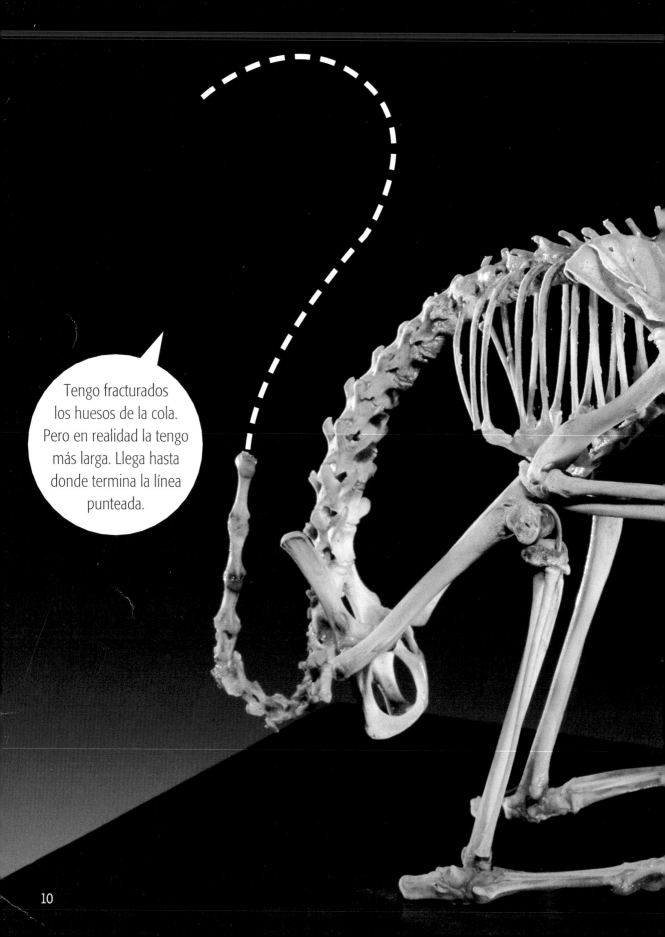

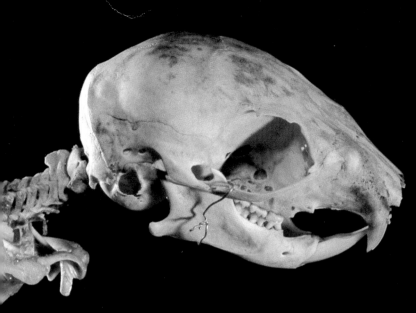

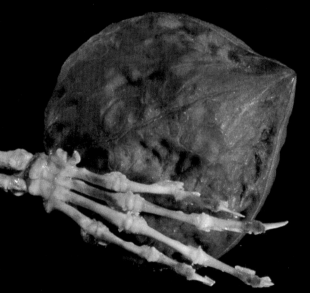

¡Crik-crik! ¡Crak-crak!

Puedo morder la dura cáscara
de una nuez con mis enormes
dientes incisivos.

Mis patas traseras también son grandes, y las delanteras
son más grandes que las de un conejo. Puedo trepar a
los árboles y agarrar cosas. Para moverme con facilidad
y no perder el equilibrio, mi cola es indispensable.

Soy una ardilla. Y estos huesos son muy importantes
para mí.

Yo soy un zorro. Con un simple vistazo a mis huesos
notarás que mi cuerpo es flexible y elástico.

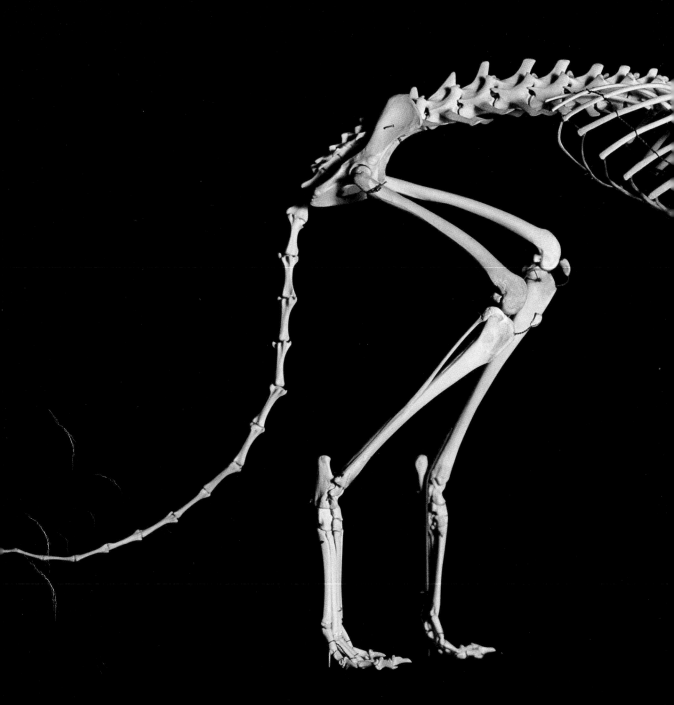

Soy un ave. Me llamo cálao. Vivo en las selvas del sudeste de Asia, África y la India.

Con mi enorme pico engullo diversas frutas de un solo bocado. Pero ¿sabes por qué mi pico es tan esponjoso y liviano?

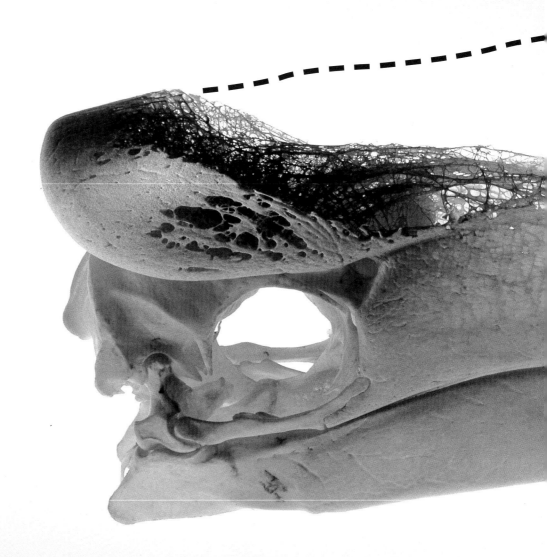

Mi pico es cavernoso para que el sonido que emito resuene.
Como si de un tambor se tratase, su interior es hueco,
y por eso el sonido retumba.

Pero eso no es todo. Además, como es hueco, ¡no pesa!

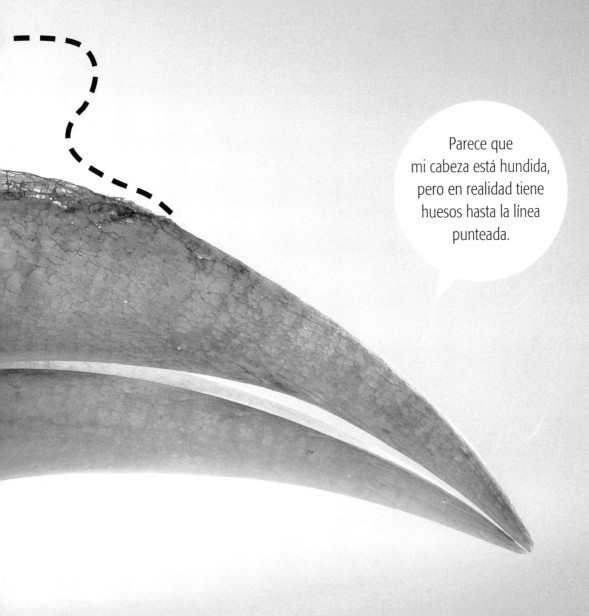

Parece que
mi cabeza está hundida,
pero en realidad tiene
huesos hasta la línea
punteada.

El hueso que sobresale en nuestro pecho sirve para sostener los fuertes músculos que nos permiten aletear. Pero las aves no sólo volamos gracias a las alas. Para poder volar necesitamos aligerar el peso de nuestro cuerpo.

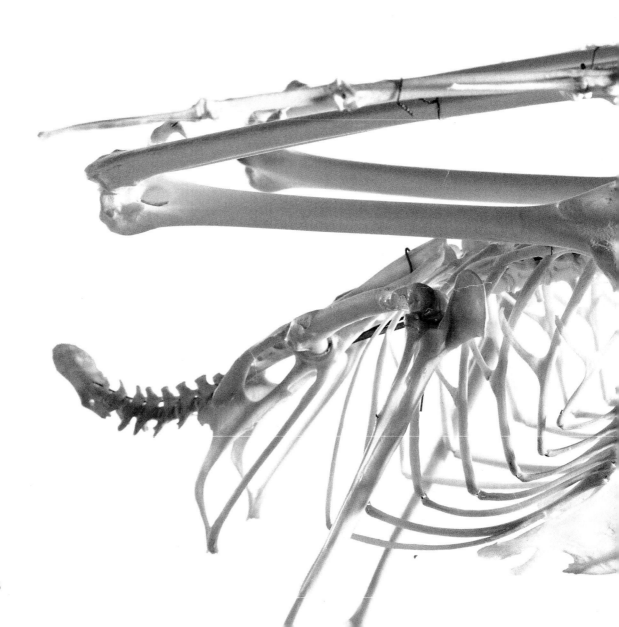

Mover firmemente las alas, aligerar el peso del cuerpo…
además de los muchos secretos que esconden nuestras alas.

Las aves no estamos volando todo el tiempo.
También acechamos pacientemente a nuestras
presas desde lo alto de los árboles, observándolas
con nuestros enormes ojos. **Yo soy el búho real.**

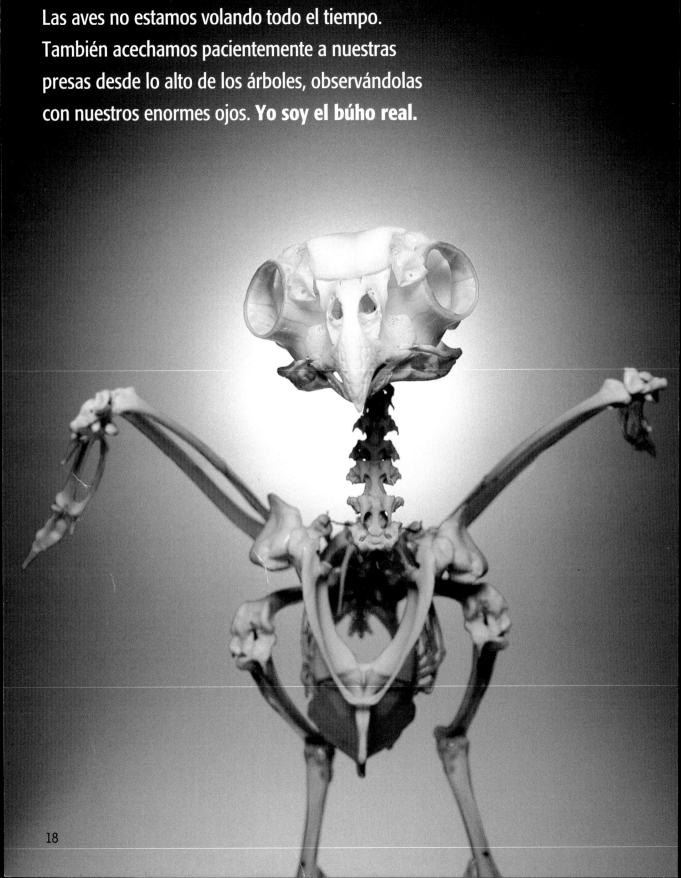

Y a veces nos posamos sobre
una rama para descansar o dormir.
Soy un perico, agarrado firmemente
a un pequeño tronco.

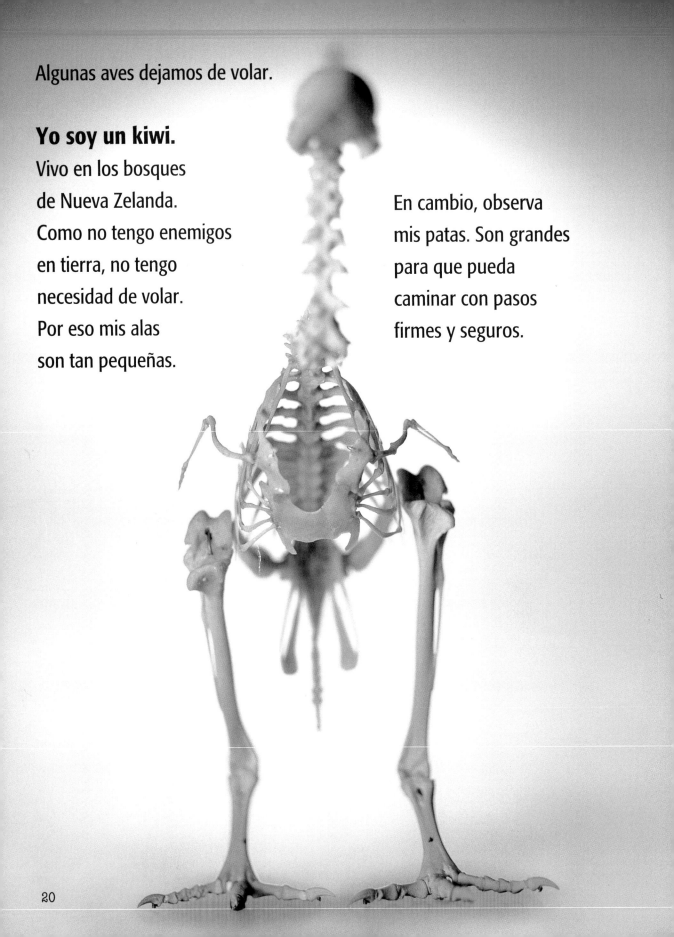

Algunas aves dejamos de volar.

Yo soy un kiwi.
Vivo en los bosques
de Nueva Zelanda.
Como no tengo enemigos
en tierra, no tengo
necesidad de volar.
Por eso mis alas
son tan pequeñas.

En cambio, observa
mis patas. Son grandes
para que pueda
caminar con pasos
firmes y seguros.

Yo soy un pingüino. En vez de volar por los cielos, nado en el mar.
Mis alas se endurecieron como si fueran aletas y me sirven para nadar.
Dentro de cada aleta tengo unos huesos planos y comprimidos.

Esta es
el ala
convertida
en aleta.

Yo puedo volar pero no soy un ave. Una prueba de esto está en mis dedos. Nosotros los murciélagos tenemos los dedos dentro de las alas. Cuéntalos, del más grande al más pequeño. ¿Verdad que son cinco? Si fuéramos aves no tendríamos dedos. Además, los murciélagos no tenemos pico. Tenemos dientes.

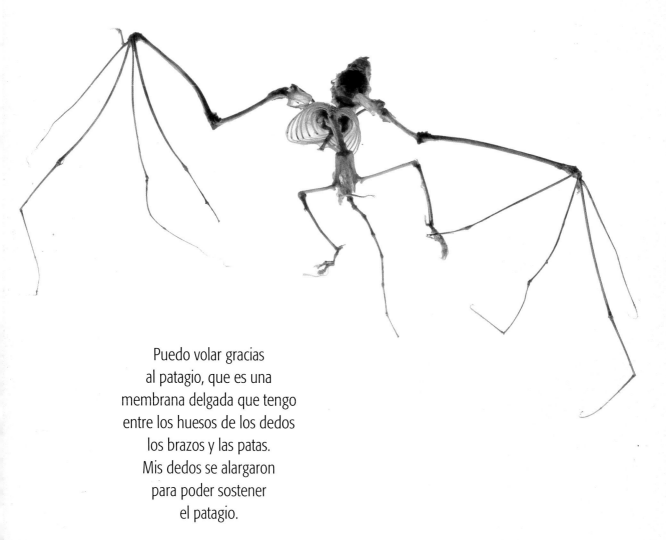

Puedo volar gracias
al patagio, que es una
membrana delgada que tengo
entre los huesos de los dedos
los brazos y las patas.
Mis dedos se alargaron
para poder sostener
el patagio.

Podemos nadar en el mar, pero no somos peces. Tenemos dedos dentro de las aletas. ¿Los ves? ¿Sabes de quiénes son estos dedos? De una tortuga marina, un oso marino y un delfín. Las ballenas y las focas también tienen dedos en sus aletas.

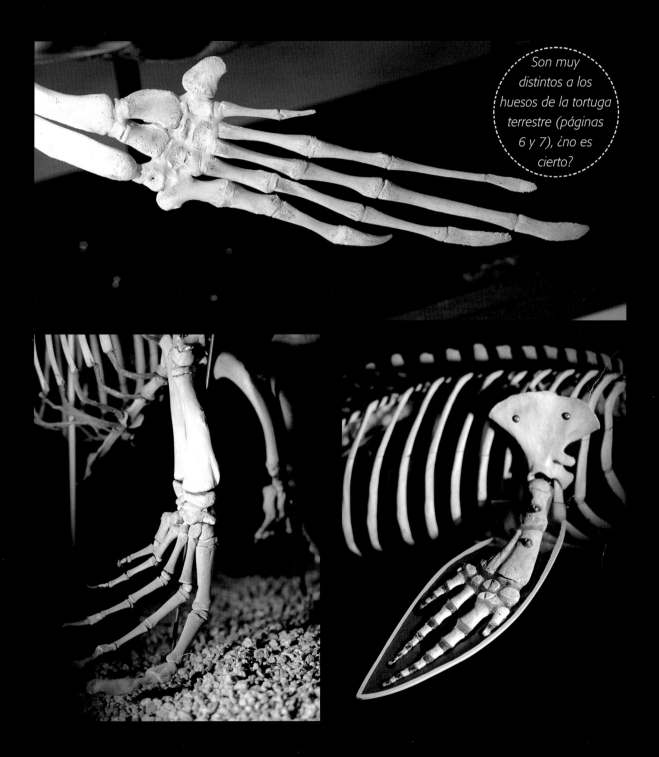

Son muy distintos a los huesos de la tortuga terrestre (páginas 6 y 7), ¿no es cierto?

¿De quién son estos huesos?

Estos huesos en forma de "T" pertenecen a un delfín. Son fácilmente identificables por su forma tan curiosa. Sostienen los músculos del cuerpo del cetáceo.

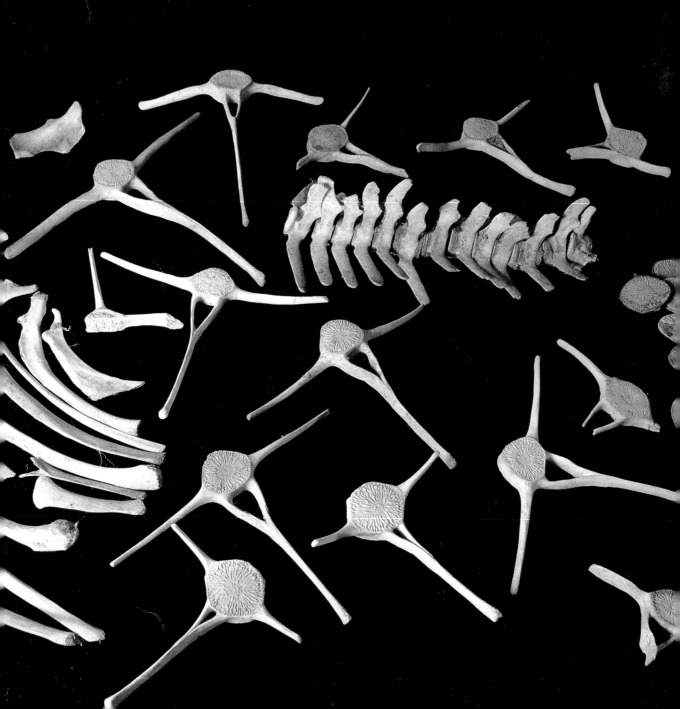

Esta pata es de un cerdo. Parece que tiene puesto
un zapato de tacón para salir a bailar.

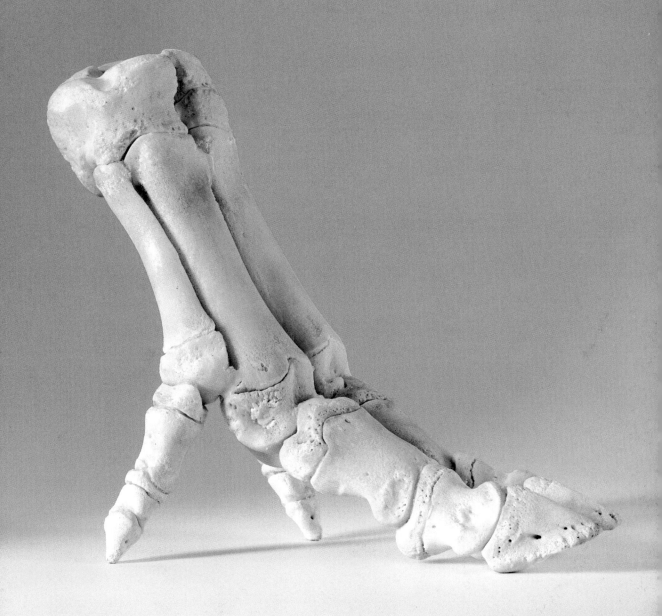

¿Qué están tramando estos huesos?

Puede haber huesos en donde menos te
lo imaginas. Los animales tienen algunos
huesos que los seres humanos no tenemos.
Pero también tienen huesos que son iguales
a los que tenemos los humanos.

De ardilla - 1 cm

De ardilla voladora - 1.4 cm

Estos son huesos
de penes de animales.
¿Será su
longitud real?

De perro - 7 a 8 cm

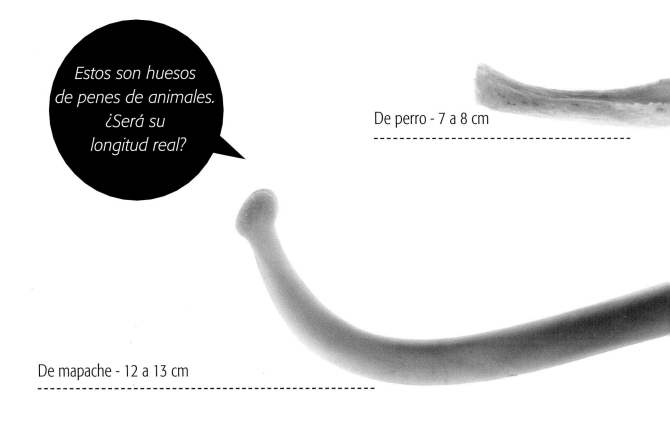

De mapache - 12 a 13 cm

De oso tibetano - 12 a 13 cm

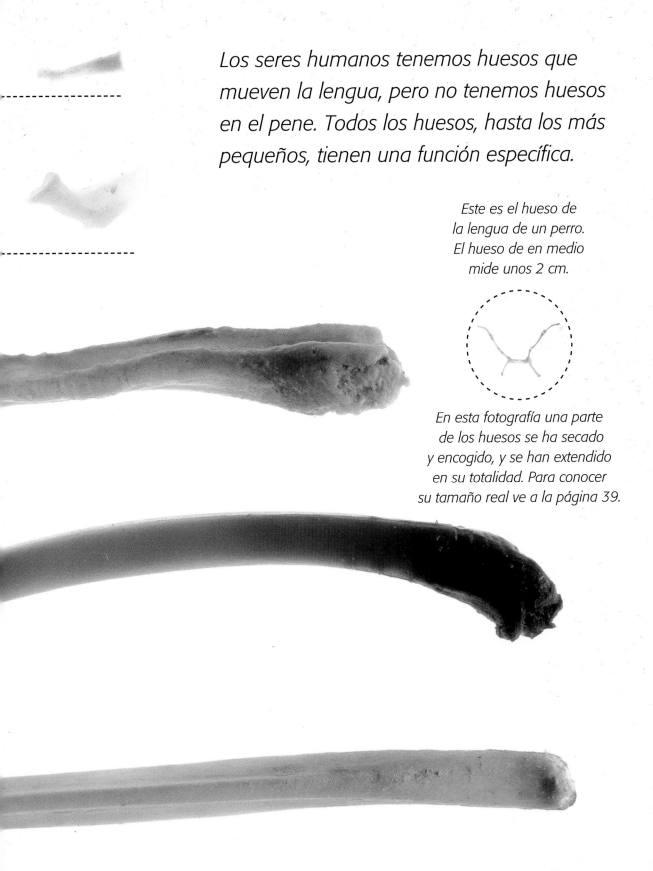

Los seres humanos tenemos huesos que mueven la lengua, pero no tenemos huesos en el pene. Todos los huesos, hasta los más pequeños, tienen una función específica.

Este es el hueso de la lengua de un perro. El hueso de en medio mide unos 2 cm.

En esta fotografía una parte de los huesos se ha secado y encogido, y se han extendido en su totalidad. Para conocer su tamaño real ve a la página 39.

Este hueso… ¿está fracturado? No, no se trata de una fractura. Es el cráneo de un animal. En los huesos del cráneo del ser humano se observan líneas similares. Estas líneas se denominan "suturas". Es en donde se unen los huesos del cráneo entre sí. El cráneo comprende, en realidad, varios huesos unidos.

Este hueso es de un alcelafo, que pertenece a la familia de los Bóvidos, al igual que el toro.

Este hueso está en el interior de la nariz de algunos animales. Permite captar los olores. Los seres humanos también tenemos este hueso, pero es mucho más pequeño que el de los animales. Los animales pueden diferenciar tan bien los olores gracias a que tienen este hueso muy desarrollado.

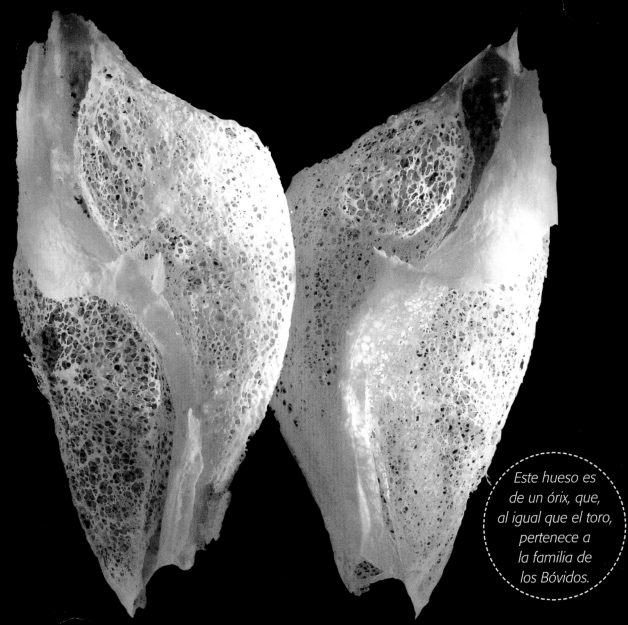

Este hueso es de un órix, que, al igual que el toro, pertenece a la familia de los Bóvidos.

Todos nosotros pertenecemos al grupo de los monos.
Los seres humanos también pertenecen al grupo de los monos.

Pero aunque formamos parte de un mismo grupo, todos somos diferentes.

Todos los animales somos diferentes.
Y nuestros huesos también son diferentes.

Estudiante universitario

¡Es un cadáver!

Profesora de una escuela

Fan de hueso colorado

Dibujante

Huesudo

Alumno de secundaria

Director de una empresa

Alumno de primaria

Bebé

Científico

El Laboratorio de Huesos es el lugar en donde se estudian y analizan los huesos. Aquí se encuentra la oficina central de los huesoexploradores. Cualquier persona amante de los animales y que disfrute con los huesos puede entrar en este laboratorio.

El refrigerador siempre está lleno

Recogemos los restos de los animales muertos y los almacenamos. Después cocemos los cadáveres para extraer sus huesos. Además, armamos los huesos para hacer animales disecados. Y yo soy la líder de este lugar.

¿Todos los animales tienen huesos?

¿Para qué sirven los huesos?

Para: Líder Makiko

Buzón

Otra de mis tareas es contestar a todas las preguntas o dudas acerca de los huesos.

Vertebrados

No, no todos los animales tienen huesos. Por ejemplo, el gato, el pez, la rana, la serpiente y todos aquellos animales que tienen una columna vertebral como nosotros se llaman vertebrados. Los huesos forman el esqueleto y sostienen el cuerpo de los animales vertebrados.

¡En nuestro planeta existen muchos animales sin huesos!

Invertebrados

34

La función de los huesos

1 ¡El hueso es una columna! (Sostiene el cuerpo)

Los músculos están adheridos a los huesos y mueven el cuerpo. Sin los huesos no podríamos mantener la forma de nuestro cuerpo.

2 ¡El hueso es una fábrica! (Produce la sangre)

En la médula, que se encuentra dentro del hueso, se produce la sangre.

Estructura del hueso

Periostio

Es un tejido delgado que cubre el hueso. Por el periostio pasan numerosos nervios, vasos y venas.

Cuerpo óseo

Es la parte externa y dura del hueso.

Cavidad ósea

Es la parte interna y esponjosa del hueso. Es ligera y fuerte.

Médula

En la médula se produce la sangre. Se encuentra en el interior de la esponjosa cavidad ósea. Es el relleno gelatinoso del hueso.

Cara articular

Epífisis

Crecen
Crecen
Crecen

Línea epifisaria

Diáfisis

Línea epifisaria

Crecen
Crecen
Crecen
Crecen
Crecen

Epífisis

Cartílago

Los huesos crecen en sus extremos.

3 ¡El hueso es un recipiente! (Protege su contenido)

Los huesos protegen cubriendo el cerebro y los órganos del cuerpo.

4 ¡El hueso es una alcancía! (Almacena los minerales)

Los huesos almacenan los minerales que el cuerpo acumula, como el calcio y el fósforo, entre otros.

Gracias   Apresúrate

El hueso crece

Cuando nacemos los huesos aún no están totalmente formados. Los huesos comienzan a crecer y se van endureciendo poco a poco. Los seres humanos completan su crecimiento alrededor de los 20 años. A partir de esta edad, los huesos se van adelgazando gradualmente.

Bebé   Niño   Adulto   Anciano   Urna

La vida del hueso

Durante el periodo de gestación y lactancia los huesos de las mujeres se debilitan. Esto sucede porque los minerales de sus huesos sirven para alimentar al bebé.

El secreto de las aves

Remitente:
Sra. Pajarita Monte de los Huesos
Montaña del Cuervo, Valle de la Garza

Veamos...

Más que investigar, me gusta devorar aves.

Estimada líder de los huesoexploradores:

Me gustan mucho las aves. Siempre he querido saber por qué las aves pueden volar. Las aves pueden volar porque tienen alas, pero eso no es todo, ¿o sí? ¿Cuál es el secreto de sus huesos?

¡¿Los huesos de las aves están huecos por dentro?!

Codo

Hombro

18% Ser humano   **5%** Aves

Los huesos de las aves sólo equivalen a un 5% de su peso corporal. Si seccionamos un hueso de ave podemos observar que la cavidad ósea está prácticamente hueca por dentro, como si de un tubo se tratase. Aquí está la médula que fabrica la sangre.

La estructura del fémur o de los huesos de las alas es muy fácil de observar. Cuando comas una pata de pollo ¡observa cómo es el hueso por dentro!

No hay nada por aquí

Estas columnas sostienen el hueso.

¡El pecho de las aves es muy prominente!

En el pecho de las aves hay un hueso plano y prominente. Este hueso, denominado quilla, tiene adheridos fuertes músculos para que las aves puedan aletear.

La quilla de un barco se parece a la quilla de las aves.

¡Ñam, ñam!

¡No te comas los huesos!

¡¿Las aves tienen pulmones dentro de los huesos?!

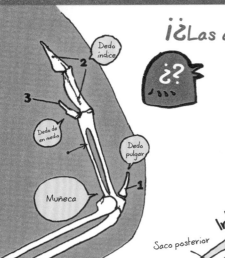

Las aves aletean todo el tiempo, pero no se agitan, incluso cuando vuelan muy alto, donde el aire es menos denso. Su secreto reside en unas bolsas que tienen en la parte anterior y posterior de los pulmones, llamadas sacos aéreos.

Cuando inhalan, el aire pasa al saco posterior del pulmón para acumularse ahí, y el aire inhalado anteriormente es empujado hacia el saco anterior. Cuando exhalan, todo el aire que se encuentra en el saco anterior es expulsado, y el aire fresco que está en el saco posterior es empujado hacia el pulmón.

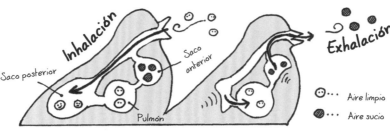

Inhalación

Saco posterior

Saco anterior

Pulmón

Exhalación

○⋯ Aire limpio

◍⋯ Aire sucio

En los pulmones de los seres humanos el aire limpio se mezcla con el aire previamente inhalado. Las aves, gracias a los sacos aéreos, aprovechan solamente el aire limpio dentro de sus pulmones. Este mecanismo permite a las aves volar durante mucho tiempo, incluso a grandes alturas, donde el aire es poco denso. Los sacos aéreos no sólo se encuentran cerca del pulmón, las aves también tienen sacos alrededor de la garganta, e ¡incluso entre los huesos! Prácticamente todo el cuerpo de las aves es un pulmón.

En realidad los sacos aéreos son muchos más. Están escondidos ¡hasta en las alas!

Se cree que los sacos aéreos de las aves se formaron en la época de sus ancestros, la época de los dinosaurios. En esta etapa, en la Tierra había menos oxígeno por la constante actividad de los volcanes.

¡¿Las aves tienen huesos en los ojos?!

En los ojos, las aves tienen un conjunto de huesos llamado anillo esclerótico. Este hueso se encuentra dentro de los ojos, alrededor de la pupila, y no está conectado al cráneo. Algunas aves, como el búho real de la página 18, tienen prominente esta parte.

¡Es difícil saber dónde acaba el pico y dónde comienzan los ojos!

Debido a su plumaje, los ojos de las aves son casi imperceptibles, pero son muy grandes. ¡Incluso hay aves que tienen más grandes los ojos que el cerebro!

La parte que sobresale está cubierta por un cuero grueso.

Los dientes pesan. Por eso las aves perdieron sus dientes. El pico es un hueso ligero cubierto por una vaina de cuero muy resistente. La fotografía del cálao de la página 14 es de un espécimen sin la vaina.

Es un conjunto de huesos delgados, como escamas, que forman un aro.

Los dinosaurios, los antecesores de las aves, también tenían huesos en los ojos.

Debajo de la vaina están las venas y los nervios.

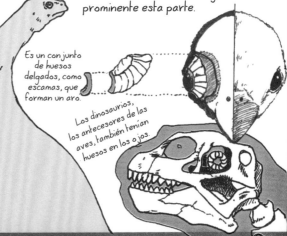

¿De quién son estos huesos?

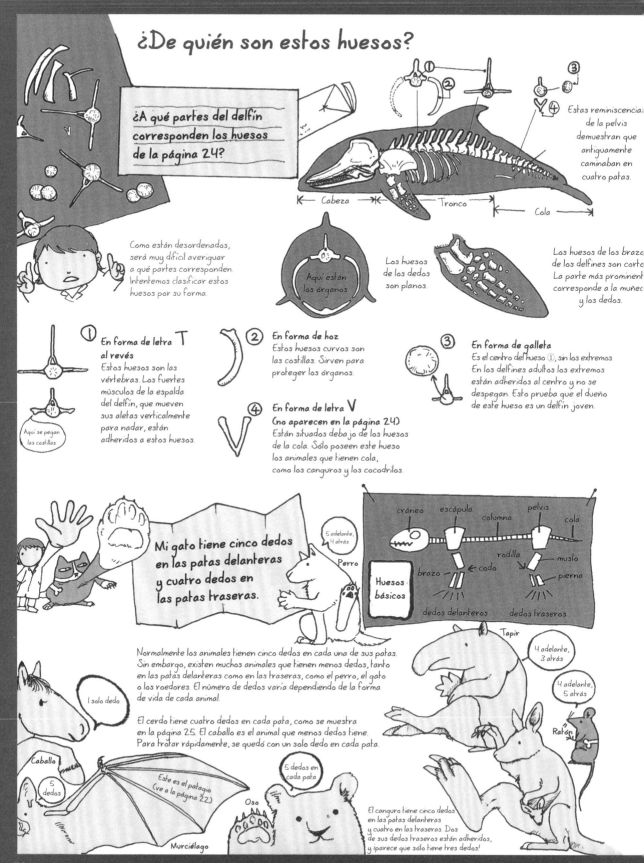

¿A qué partes del delfín corresponden los huesos de la página 24?

Estas reminiscencias de la pelvis demuestran que antiguamente caminaban en cuatro patas.

← Cabeza →← Tronco →← Cola →

Como están desordenados, será muy difícil averiguar a qué partes corresponden. Intentemos clasificar estos huesos por su forma.

Aquí están los órganos

Los huesos de los dedos son planos.

Los huesos de los brazos de los delfines son cortos. La parte más prominente corresponde a la muñeca y los dedos.

① En forma de letra T al revés
Estos huesos son las vértebras. Los fuertes músculos de la espalda del delfín, que mueven sus aletas verticalmente para nadar, están adheridos a estos huesos.

Aquí se pegan las costillas

② En forma de hoz
Estos huesos curvos son las costillas. Sirven para proteger los órganos.

④ En forma de letra V
(no aparecen en la página 24)
Están situados debajo de los huesos de la cola. Sólo poseen este hueso los animales que tienen cola, como los canguros y los cocodrilos.

③ En forma de galleta
Es el centro del hueso ①, sin los extremos. En los delfines adultos los extremos están adheridos al centro y no se despegan. Esto prueba que el dueño de este hueso es un delfín joven.

Mi gato tiene cinco dedos en las patas delanteras y cuatro dedos en las patas traseras.

5 adelante, 4 atrás
Perro

cráneo   escápula   columna   pelvis   cola

Huesos básicos

brazo   codo   rodilla   muslo   pierna

dedos delanteros   dedos traseros

Normalmente los animales tienen cinco dedos en cada una de sus patas. Sin embargo, existen muchos animales que tienen menos dedos, tanto en las patas delanteras como en las traseras, como el perro, el gato o los roedores. El número de dedos varía dependiendo de la forma de vida de cada animal.

El cerdo tiene cuatro dedos en cada pata, como se muestra en la página 25. El caballo es el animal que menos dedos tiene. Para trotar rápidamente, se quedó con un solo dedo en cada pata.

Tapir

4 adelante, 3 atrás

4 adelante, 5 atrás

Ratón

1 solo dedo

Caballo

5 dedos

Este es el patagio (ve a la página 22)

5 dedos en cada pata

Oso

Murciélago

El canguro tiene cinco dedos en las patas delanteras y cuatro en las traseras. Dos de sus dedos traseros están adheridos, y ¡parece que sólo tiene tres dedos!

38

¿¡Huesos dentro de la nariz?!

Me sorprende saber que hay huesos dentro de la nariz. ¿Por qué tienen esa forma?

Antílope

Rollos que detectan el olor

Se encuentran aquí

Si lo desenrollamos, el hueso de la página 29 mide ¡10.8 cm de largo!

Estos huesos en forma de rollos están cubiertos por una membrana mucosa y contienen células que detectan los olores. Cuando las partículas de olor se adhieren a la membrana mucosa, las células transmiten una señal al cerebro.

Los pequeños poros contienen muchísimas células detectoras de olor

Con el olor reconocen

¡Alerta!

¡Es mi amigo!

¡Oh no, es un enemigo!

¿¡Huesos en el pene?!

Estoy muy preocupado porque mi pene no tiene hueso.

¡No te preocupes!

El hueso del pene se llama báculo. Los seres humanos no tienen este hueso, aunque muchos monos sí lo tienen. En cuanto a su longitud, el báculo de la ardilla mide 1 cm, el del gorila mide 1.2 cm, y ¡el de las morsas y los osos marinos llega a medir 60 cm! Al parecer no hay una relación directa entre el tamaño del báculo y el del cuerpo de los animales.

Topo

Ratón

Murciélago

Delfín

Conejo

Mono

Animales con o sin huesos en el pene

¿¡Huesos en la lengua?!

¿La lengua tiene huesos?

¿Dónde están?

Los huesos están conectados a través de cartílagos

En realidad tienen esta forma

Este hueso se llama hioides. Sirve para mover la lengua. Se encuentra en la base de la lengua, es decir, en la entrada de la garganta. Los seres humanos también tienen este hueso, pero no es muy grande. El hueso de la lengua de un perro que aparece en la página 21 está deformado, pues los cartílagos que conectan un hueso con otro se han secado y encogido. La forma de este hueso varía según el tipo de animal.

Makiko, ¡enséñanos más sobre los huesos!

Los dientes y los cuernos... ¿son huesos?

Los dientes no son huesos. Un diente es una masa de dentina, cemento y pulpa cubierta con esmalte brillante. Su composición es muy distinta a la de un hueso. En cuanto a si un cuerno es un hueso, esto varía dependiendo del animal. Los cuernos de las cabras y los toros son huesos. Los cuernos del rinoceronte están formados por una aglomeración de pelos. El cuerno del narval, que es un cetáceo, es un diente incisivo. Los cuernos de los ciervos se forman a partir de dos protuberancias en el cráneo en las que se acumula calcio. Se parecen a un hueso, pero su desarrollo es diferente.

¿Es cierto que hay huesos blandos?

Sí, hay huesos blandos. Estos huesos se localizan normalmente entre los huesos duros y realizan una función de soporte. Son los cartílagos. También hay cartílagos en la garganta, en la nariz y en las orejas. A diferencia de los huesos, no se pueden flexionar. Son suaves y se descomponen fácilmente. Por eso cuando muere un animal con este tipo de osamenta, difícilmente perduran sus restos. Los tiburones y las rayas tienen una osamenta cartilaginosa, a excepción de sus dientes.

¿Los huesos rotos se recomponen?

Sí, es posible reparar un hueso roto. Cuando un hueso se quiebra, las células que están en el punto de la fractura, y que estaban sumidas en una especie de letargo, se activan y comienzan a regenerar el hueso. De este modo, el hueso se recupera.

¿Los niños crecen porque sus huesos se estiran?

Así es. En los extremos de los huesos de los niños se encuentra la línea epifisaria o metáfisis, que es el punto de crecimiento de los huesos. A medida que los adultos vamos cumpliendo años, nuestra estatura disminuye porque se desgasta el cartílago que se encuentra entre los huesos, y los huesos de la columna pierden grosor y se aplanan. Además, nuestra estatura llega a variar entre la mañana y la noche. Por la noche, después de un día entero erguidos y sosteniendo los huesos todo el peso del cuerpo, la estatura es ligeramente menor que en la mañana.

¿Los huesos sienten dolor?

Los huesos no tienen nervios y no sienten dolor. Pero el periostio que cubre el hueso tiene venas y nervios. Es muy delicado y sí siente dolor.

Buzón

Para aquellas personas que desean saber más sobre los huesos:

Portada: Cabeza: Tortuga china de caparazón blando; Pata: Cerdo; Huesos varios: Oso tibetano. **Contraportada:** Tortuga japonesa. **Página 1, de izquierda a derecha:** Mamífero de la familia Talpidae; Mamífero de la familia Talpidae; Musaraña de la familia Soricidae. **Páginas 2 y 3:** Serpiente de la familia Colubridae. **Páginas 4 y 5:** Tortuga caguama. **Páginas 6 y 7:** Tortuga japonesa. **Páginas 8 y 9:** Conejo doméstico. **Páginas 10 y 11:** Ardilla japonesa. **Páginas 16 y 17:** Petrel la familia Procellariidae. **Página 19:** Ave de la familia Psittacidae. **Página 21:** Pingüino de Humboldt. **Página 22:** Murciélago de la familia Vespertilionidae. **Páginas 30 y 31, de izquierda a derecha:** Fila superior: Macaco negro crestado; Mandril; Dril; Macaco cola de cerdo; Raza de cruce entre dril y mandril; Fila de en medio: Macaco japonés; Macaco de Formosa; Macaco moro; Mono patas; Macaco de Madras; Fila inferior: Lutung de la familia Cercopithecidae; Gálago de cola ancha; Tití cabeciblanco; Marikiná norteño; Macaco cangrejero. **Página 32:** Tortuga china de caparazón blando.

Editor de Océano Travesía: Daniel Goldin

LOS EXPLORADORES DE HUESOS

Título original: *Honehone tankentai*

Tradujo Megumi Kobayashi de la edición original en japonés de Alice-Kan Co. Ltd., Japón

© 2008 Makiko Nishizawa, Naruaki Onishi, Motoko Matsuda

Publicado por primera vez en 2008 en Japón por Alice-Kan Co. Ltd. Los derechos de traducción al español
se acordaron con Alice-Kan Co. Ltd, mediante Shibuya Publishing Inc.

D.R. © Editorial Océano, S.L.
Milanesat 21-23, Edificio Océano
08017 Barcelona, España
www.oceano.com

D.R. © Editorial Océano de México, S.A. de C.V.
Blvd. Manuel Ávila Camacho 76, 10º piso
11000 México, D.F., México
www.oceano.mx

PRIMERA EDICIÓN 2012

ISBN: 978-84-494-4162-2 (Océano España)
ISBN: 978-607-400-265-2 (Océano México)

IMPRESO EN ESPAÑA / *PRINTED IN SPAIN*
9003236010112